AF290101

LA PROSPECTION TÉLÉPHONIQUE

4 étapes-clés pour décrocher un rendez-vous par téléphone

Par Noé Spies

50MINUTES.fr

LA PROSPECTION TÉLÉPHONIQUE

- **Problématique ?** Quelles sont les principales stratégies et astuces à mettre en œuvre pour que vos appels téléphoniques redoublent d'efficacité ?
- **Utilité ?** Activité essentielle pour toute entreprise, ce qu'on appelle aussi le *phoning* contribue à l'élargissement d'un cercle de clients et favorise ainsi la pérennité de votre business.
- **Contexte ?** Démarche commerciale, prospection de clients, marketing, communication verbale, etc.
- **FAQ ?**
  - <u>Comment passer la barrière du secrétariat ?</u>
  - <u>Comment suivre et gérer une campagne de téléprospection ?</u>
  - <u>Comment relancer efficacement un client potentiel ?</u>
  - <u>Comment me préparer aux situations inattendues ?</u>

- ◦ <u>Comment garder mon calme si le prospect s'énerve ?</u>
- ◦ <u>Comment anticiper les objections possibles ?</u>
- ◦ <u>Comment m'assurer de l'accord d'un prospect ?</u>

L'utilité de la prospection téléphonique est généralement sous-estimée. Pourtant, celle-ci est primordiale au bon développement d'une entreprise. En effet, elle peut constituer un moyen rapide et efficace d'agrandir votre carnet d'adresses et de valoriser votre entreprise auprès de vos clients potentiels. Encore faut-il savoir la mener correctement car, dans le cas inverse, ce travail se révélera éprouvant, voire décourageant. En effet, le prospect que vous tentez de joindre n'est pas toujours disponible ou même intéressé par votre projet. Toute une série de raisons peuvent le pousser à vous raccrocher au nez, vous infligeant un sérieux coup au moral.

La prospection téléphonique correspond à une véritable stratégie marketing qu'il faut apprendre à gérer, à travers le respect de plusieurs principes. En effet, la démarche correspond avant tout à un savoir-faire qui ne laisse que très peu de place à l'improvisation. Aujourd'hui, la professionnalisation de cette technique commerciale a donné naissance à bon nombre de méthodes qui, si elles sont maîtrisées, vous permettront de déjouer toutes les embûches.

En quatre étapes et grâce à de nombreuses astuces, mettez toutes les chances de votre côté pour réussir vos prospections téléphoniques et maximiser votre rendement d'acquisition de clients. Si ce livret a pour ambition de vous guider sur le chemin du succès, soyez conscient qu'il n'existe pas de formule miracle. Ce n'est qu'avec de la pratique et de l'entraînement que vous atteindrez vos objectifs.

B.A.-BA DE L'AS DE LA TÉLÉPROSPECTION

LA PRÉPARATION

Rien ne sert de commencer à appeler vos prospects si vos conditions de travail ne sont pas appropriées. Plusieurs éléments sont à prendre en compte afin de vous sentir à l'aise au moment de composer les numéros.

Connaître son produit

Cela tombe sous le sens : ne vous engagez pas dans la prospection avant de maîtriser parfaitement le produit ou le service que vous voulez vendre, sous toutes ses coutures. Il est notamment très utile d'opérer des recherches sur vos concurrents principaux afin de prendre connaissance de leur offre et de noter les points qui vous différencient. Lors de vos appels, vous pourrez ainsi appuyer sur certains éléments précis, ceux qui vous donnent un avantage par rapport à vos concurrents. Car ces derniers sont évidemment susceptibles d'appeler les mêmes prospects...

Établir un fichier de prospects détaillé

La première étape avant de vous lancer est de préparer et de travailler votre liste de prospects. Il est évidemment primordial de bien connaître l'interlocuteur et l'entreprise que vous allez contacter pour essayer de les convaincre, mais aussi pour savoir s'ils correspondent aux cibles et aux profils que vous recherchez. Pour cela, établissez un portrait complet de chaque client potentiel en reprenant :

les caractéristiques exhaustives de son entreprise avec son domaine d'activité, son chiffre d'affaires, son histoire, son actualité, ses collaborateurs et ses coordonnées.

le nom précis de la personne que vous souhaitez joindre, son poste et, si possible, son téléphone direct. Ainsi, vous éviterez les barrières du secrétariat.

Posez-vous les questions suivantes :

Quel est le but précis de mon appel (simple prise de contact, obtention d'un rendez-vous, vente immédiate, etc.) ?

Qui est mon interlocuteur ? L'ai-je déjà contacté auparavant ? Quel est son statut dans l'entreprise ? A-t-il un pouvoir de décision ?

Cette prise d'informations vous permet d'une part de savoir à qui vous vous adressez, mais également d'établir des liens entre votre objectif et votre cible : essayez de repérer des intérêts que vous avez en commun par exemple. Pour réaliser ce travail de renseignement, rien de plus simple à l'heure du numérique. Bon nombre de données se retrouvent sur le site internet de l'entreprise ou sur des réseaux sociaux tels que Twitter, Facebook ou LinkedIn. Conservez bien évidemment vos fiches et actualisez-les régulièrement.

Se mettre dans de bonnes conditions

Au moment de passer vos coups de fil, choisissez et préparez votre environnement de façon adéquate. En effet, si vous vous trouvez dans un lieu bruyant avec beaucoup de monde autour de vous, d'une part vous éprouverez des difficultés à vous concentrer, d'autre part votre interlocuteur devra faire un effort supplémentaire pour vous comprendre. Tout cela ne facilitera pas le contact avec votre client potentiel qui risque de ne pas vous prendre au sérieux et de raccrocher à peine la conversation entamée.

Pour une atmosphère de travail optimale, préférez donc un endroit calme et isolé où vous pourrez vous exprimer en toute tranquillité. Si vous n'avez d'autres options que votre *open space*, prévenez vos collègues que vous réalisez une séance de téléprospection afin qu'ils respectent votre travail.

Prenez également de quoi noter, ou enregistrez votre conversation : toutes les informations que vous livrera votre prospect sont précieuses, conservez-les donc soigneusement !

affirme que la durée idéale d'une séance de phoning se situe entre 1 h 30 et 3 heures.

LA PRISE DE CONTACT

La première impression que vous donnerez à votre interlocuteur est déterminante et décidera du bon déroulement de la conversation téléphonique. Si vos premiers mots sont hésitants ou maladroits, votre image sera négativement atteinte. Travailler sa prise de contact est donc une étape à ne pas négliger pour partir sur de bonnes bases avec votre prospect.

Accrocher l'intérêt du prospect

Dans ses articles, Victor Cabrera, coach et consultant en efficacité commerciale, explique que tout comme lors d'un contact physique, votre prospect se fera une opinion de vous dans les 20 premières secondes. De plus, selon lui, la prise de contact conditionne 80 % du résultat de votre démarche : la perception que votre client potentiel se fera de vous sera définie par cette première impression.

Soyez donc percutant et clair dès vos premiers mots : présentez-vous succinctement (votre nom et celui de votre entreprise) et transmettez d'emblée votre message marketing principal. Pour établir celui-ci, gardez en tête que vous devez vous différencier de vos concurrents. Mettez en avant les bénéfices que retirera votre prospect en collaborant avec vous : un avantage, une qualité, une caractéristique, un prix attrayant, etc.

L'objectif est de susciter directement l'intérêt de votre prospect en évitant les banalités. Vous devez vous concentrer sur un besoin – le plus précis possible – de votre interlocuteur et démontrer en une phrase comment votre offre lui permettra d'y répondre : économie, bénéfice ou accomplissement particulier. D'où l'importance de la phase de préparation développée ci-dessus, qui vous permet de vous faire une bonne idée de ce qui intéresse votre prospect et d'ainsi personnaliser vos appels.

Tentez ensuite d'établir un accord. Le sujet de ce dernier peut ne pas être en lien direct avec votre objectif final. Il s'agit simplement d'entraîner votre interlocuteur dans une logique d'accord. Par exemple, demandez à votre prospect : « Êtes-vous d'accord de m'octroyer encore quelques minutes ? » De fait, en psychologie, selon la théorie de l'engagement, obtenir d'emblée un premier consentement de votre prospect pour un motif quelconque (aussi anodin soit-il) vous confère beaucoup plus de chances de réussir la suite de votre négociation. Pourquoi ? Car le cerveau humain, dans une logique de cohérence, sera automatiquement tenté de rester en harmonie avec ses choix précédents.

Présentez ensuite à votre interlocuteur un plan du déroulement de l'entretien : cela vous confère un contrôle sur celui-ci et démontre votre esprit structuré. Précisez enfin le temps nécessaire à votre démarche, afin de prouver que vous êtes professionnel et que vous vous souciez aussi de sa disponibilité.

Poser les bonnes questions

Une fois la prise de contact établie, vous serez amené à instaurer une véritable conversation avec votre prospect afin de :

- le convaincre du bien-fondé de votre démarche ;

- mieux définir ses besoins en recueillant une multitude d'informations le concernant.

Pour arriver à ces deux objectifs, veillez à poser vos questions de manière bien précise. En alternance, vous serez amené à formuler à votre interlocuteur tantôt des questions ouvertes, tantôt des questions fermées. Intéressez-vous réellement à votre prospect et donnez-lui envie de s'investir dans la conversation en :

- lui demandant son avis (« Comment voyez-vous cela ? », « Qu'en pensez-vous ? »). Cela donnera l'occasion à votre prospect de dégager une problématique qui lui tient à cœur et à vous d'en prendre bonne note ;
- l'interrogeant sur ses besoins et sur ses envies ;
- le questionnant sur son entreprise, son métier et son quotidien.

Pensez ensuite à poser des questions fermées dans le cas où vous souhaitez obtenir :

- une confirmation de votre bonne compréhension ;
- une information factuelle (un chiffre, une date, etc.) ;

- une affirmation ou une négation sur un sujet nébuleux.

Cette phase de découverte et de spécification des besoins de votre prospect est essentielle. En variant les types de questions et en reformulant ses propos, vous saurez obtenir les informations que vous désirez. Pour la suite, vous pourrez vous référer à ces dernières pour affiner votre argumentation et surtout pour répondre aux objections de votre prospect.

CONSEIL

Évitez de poser une multitude de questions de façon trop abrupte : vous risqueriez de refroidir rapidement la personne que vous avez au bout du fil et de lui donner l'impression que vous réalisez un simple sondage rébarbatif.

L'ARGUMENTATION

Vous avez établi un premier contact prometteur avec votre interlocuteur, et celui-ci est prêt à vous écouter. Il s'agit à présent de le convaincre de l'intérêt de votre produit ou service, en étant capable de faire face à ses objections avec habilité. Votre but ici : décrocher un rendez-vous.

Développer ses arguments et répondre aux objections

Une bonne argumentation suppose le respect de quelques règles de base et se structure en différentes étapes :

- commencez par mettre en avant trois avantages clients maximum. Inutile d'en dire plus, au risque de perdre l'attention de votre prospect ;
- avancez ensuite des arguments en lien avec la ou les problématique(s) que votre interlocuteur a évoquée(s) lors de l'étape précédente. Il s'agit de lui faire sentir que votre offre est adaptée à sa demande et que vous avez cerné ses attentes ;
- enfin, laissez-lui le temps de réagir à vos arguments.

Trois possibilités se dégagent alors :

- dans le meilleur des cas, votre prospect adhère à tous vos arguments ;
- il est intéressé, mais émet certaines objections ;
- il ne l'est pas ou pas totalement et formule également des objections.

Dans les deux derniers cas – les plus fréquents –, il vous faudra pouvoir réagir rapidement. Comment faire ? La première étape est d'accepter la situation pour pouvoir ensuite en tirer un avantage. Vous n'arriverez presque jamais à conclure une vente sans que votre interlocuteur ne soulève certains obstacles. Apprenez donc à les déjouer pour faire pencher la balance de votre côté.

Pour cela, vous devrez d'abord découvrir quelle est la raison de cette objection. Posez des questions aussi bien ouvertes que fermées. La nature de l'opposition étant rarement claire, prenez le temps d'écouter votre prospect sur ce qui le préoccupe pour pouvoir ensuite le rassurer de façon adéquate. Vous éviterez ainsi de vous précipiter et de vous embarquer sur une mauvaise voie, sans comprendre ce qu'il vous reproche réellement. De plus, vous lui démontrerez ainsi que vous prêtez attention à sa situation.

Apportez ensuite une réponse précise et personnalisée à l'objection de votre prospect. Ici, il vous faudra distinguer le type d'objection auquel vous êtes confronté :

- si votre interlocuteur doute, appuyez vos propos d'éléments factuels appropriés tels que chiffre d'affaires, performance accomplie, résultats d'une étude, etc. Les faits feront automatiquement office d'arguments d'autorité et permettront de le rassurer. À vous de trouver celui qui fera mouche, en lien avec sa critique !
- en cas d'objection réelle, vous effectuez ce que l'on appelle une transition. Pour cela, faites dévier la conversation au-delà du point d'objection en démontrant comment certains points de votre offre correspondent tout de même aux besoins de votre prospect ; en bref, en évitant de parler de la critique en elle-même. Pour réussir cette étape, vous devez avoir découvert les besoins de votre client potentiel et en avoir noté les points essentiels afin de les ressortir à ce moment précis. Cela vous permettra de rééquilibrer la balance à la suite de l'objection.

Enfin, reformulez de façon synthétique toutes les objections de votre interlocuteur – vous lui montrez ainsi que vous le comprenez – et prouvez-lui ensuite par A + B que votre offre correspond à ses besoins. Terminez par une question afin de voir s'il est convaincu ou non par votre proposition. Si la réponse est positive, félicitations !

Si elle ne l'est pas, recommencez le processus : posez une nouvelle question afin de comprendre pourquoi. S'il s'agit d'un doute, demandez à votre prospect quelle preuve est susceptible de le convaincre et tentez de la lui apporter ou proposez-lui-en d'autres. En cas d'objection réelle, c'est que vos arguments n'ont pas assez pesé dans la balance. Vous pouvez toujours tenter d'y ajouter des avantages afin de la faire pencher de votre côté (un bonus client, une garantie plus longue, une période d'essai, etc.). L'idéal dans cette situation est de clore par une ouverture afin de trouver une excuse légitime pour le recontacter.

Le schéma ci-dessous reprend les différentes étapes à suivre pour développer une argumentation convaincante et faire face à toutes les objections de votre prospect.

Avancer trois avantages

Les mettre en relation
avec les besoins du prospect

Recueillir ses réactions

Il est intéressé et accepte un rendez-vous

Il est intéressé mais formule des objections

Il n'est pas intéressé ou peu et émet de nombreuses critiques

Découvrir la vraie nature de l'objection (doute ou réelle critique)

Trouver et proposer une solution adaptée

Le prospect n'est pas convaincu

Le prospect est convaincu

Poser de nouvelles questions pour tenter de répondre aux objections

Gérer la forme : le langage oral

Mais maîtriser le contenu de votre argumentation ne suffira pas pour remporter tous les combats ; vous devez impérativement en gérer la forme, c'est-à-dire le langage oral ! Souvent, bon nombre de démarcheurs échouent dans leur prospection téléphonique parce que leur communication orale n'est pas bonne. Il peut y avoir plusieurs raisons à cela :

- stress ;
- hésitations ;
- mauvaise articulation ;
- bégaiement ;
- débit trop rapide ;
- manque d'intonation ;
- froideur dans la voix ;
- etc.

Pour éviter ce genre de situation, nous vous présentons ici quelques exercices simples et rapides afin d'être plus à l'aise dans votre expression au téléphone :

- avant d'appeler, respirez profondément et buvez un peu d'eau afin de délier votre gorge ;

- échauffez votre voix en bâillant, en riant ou en récitant les voyelles ;
- au moment d'appeler et pendant l'appel, obligez-vous à sourire. Cela se ressentira dans l'empathie que dégagera votre voix ;
- articulez. Il faut que votre message soit audible pour votre interlocuteur. Pour cela, exercez-vous seul ou avec un ami en simulant une conversation ;
- parlez à un rythme ni trop lent, ni trop rapide. Le but est surtout de mettre de l'intonation et de faire vivre vos propos ;
- n'employez pas un vocabulaire trop technique ou scientifique ni un langage trop familier. Préférez une expression classique et compréhensible de tous. Rajoutez-y un langage imagé afin que votre prospect puisse mieux visualiser votre offre ;
- soyez positif dans les termes que vous employez. Ainsi, préférez des mots tels que bénéfice, profit, gain, avantage ou croissance, et évitez les termes comme difficulté, obstacle, perte, danger ou crainte ;
- privilégiez des phrases courtes, percutantes et, si possible, au présent. Évitez de vous emmêler les pinceaux dans des monologues sans fin ;

- faites des pauses dans votre élocution afin de reprendre votre souffle et de laisser au client l'occasion de s'exprimer. Les silences peuvent s'avérer tout aussi utiles que les arguments.

Embellir votre offre : *le storytelling*

Le *storytelling* consiste tout simplement à raconter une histoire à votre interlocuteur. Mais pas n'importe laquelle ! Il s'agit de parler différemment de votre produit à travers un récit afin de susciter l'envie de l'acheter. Le but est de développer chez le prospect des émotions positives en utilisant un style narratif.

Dans la structure de votre histoire, vous devez insérer les éléments indispensables d'une bonne narration : une situation initiale, un élément perturbateur, un héros, des obstacles, une quête et une résolution. Toutefois, elle ne doit pas s'apparenter à un conte de fées ; il s'agit de rester crédible et réaliste. Inspirez-vous par exemple de *success-stories* de clients de votre entreprise.

Pour que le prospect soit touché par votre récit, commencez par solliciter ses émotions en énonçant une problématique dans laquelle il pourra s'identifier. Faites ensuite appel à sa logique en formulant des solutions. Cette technique de communication, qui a déjà fait ses preuves, vous permettra de capter davantage l'attention et l'intérêt de votre interlocuteur.

Pour élaborer une histoire captivante, reprenez les trois questions essentielles que se pose François Batun, expert en stratégie commerciale, dans son article *Le storytelling pour un argumentaire commercial percutant* :

- « Quels sont les problèmes auxquels est confronté mon prospect dans son quotidien ? » Construisez un scénario dans lequel ce dernier peut se reconnaître ;

- « Quels sont les éléments de cette problématique que je connais et dont mon client n'a pas conscience ? » Cette question vous permettra de trouver des éléments qui exploreront l'ensemble de la problématique de votre prospect. Plus ce dernier explorera, à travers votre histoire, les caractéristiques de son problème (y compris les aspects auxquels il ne pensait pas), plus il sera enclin à adhérer au cheminement de votre narration ;
- « Comment mon interlocuteur pourrait résoudre cette problématique ? » Les derniers éléments de votre histoire représentent l'offre que vous proposez et qui s'avère être la solution au problème.

Tirer profit des informations obtenues : la méthode SONCAS(E)

Les besoins du client forment donc un enjeu crucial dans la discussion commerciale. C'est pourquoi nous vous recommandons d'appliquer la méthode SONCAS(E), bien connue dans le monde du marketing, mais pourtant trop peu utilisée. L'acronyme résume toutes les motivations d'achats d'un client potentiel et distingue ainsi différentes catégories de clients en fonction de leurs critères de choix prioritaires. En effet, un client établit nécessairement une hiérarchie dans l'importance qu'il accorde à chaque critère. En vous appuyant sur cette technique, vous pourrez devenir plus efficace dans le choix de vos questions et ainsi comprendre rapidement ce qui motive votre prospect. Vous serez donc à même de finaliser l'accord plus facilement. N'oubliez pas de faire référence à ces différents leviers de décisions lors de vos appels.

La méthode SONCAS(E)

Sécurité	Le prospect sera attentif au facteur sécurité, un des besoins fondamentaux de l'homme. Dans votre offre, mettez en avant l'assurance, la fiabilité et l'expérience.	« Notre société offre ce service depuis plus de 40 ans. Avec nous, vous avez l'assurance d'une qualité irréprochable. »
Orgueil	Le client a besoin d'être reconnu en tant que personne. Il cherchera alors un produit ou un service le valorisant.	« Pour un profil comme le vôtre, je vous recommande notre édition limitée. »
Nouveauté	Beaucoup de personnes seront sensibles à cet argument. Insistez sur l'aspect novateur du produit.	« Il s'agit du modèle dernier cri sorti le mois dernier. »

Confort	Qu'il s'agisse d'un confort physique ou psychologique, misez sur la simplicité d'utilisation et le côté agréable de votre produit.	« Vous ne trouverez pas plus intuitif que ce smartphone. »
Argent	Faites comprendre au prospect qu'il ne s'agit pas d'une dépense, mais bien d'un investissement !	« C'est le meilleur rapport qualité prix que vous trouverez sur le marché. »
Sym-pathie	Le prospect sera attentif à la sympathie qu'il éprouvera à votre égard. Restez humain et souriant dans votre façon de parler.	

Ecologie	Le produit doit respecter l'environnement et suivre le principe du développement durable.	« Tous nos légumes proviennent de maraîchers locaux. »

Négocier avec brio : les cinq règles à connaître

Le prospect n'est pas toujours facilement convaincu et vous demandera peut-être de faire des concessions ou de bénéficier de conditions spéciales. Dès lors, savoir négocier se révélera un atout majeur dans de nombreuses situations. Retenez ces cinq points majeurs que développe Victor Cabrera dans son article *5 clés pour négocier efficacement* :

- soyez ambitieux dès le départ en osant débuter par une exigence élevée de sorte à vous octroyer une marge de négociation. Si vous affichez votre seuil minimum dès les premiers instants, vous réduisez automatiquement cette marge ;

- listez vos points de désaccord et repérez les moins importants pour vous, ceux sur lesquels vous êtes prêt à céder. Acceptez de fléchir sur ces points-là, mais négociez une contrepartie. Votre prospect pensera alors qu'il vient de réussir une belle affaire et sera plus enclin à céder lui-même ;
- négociez en échange la contrepartie qui a le plus de valeur pour vous. C'est le moment clé pour faire pencher la balance de votre côté et inverser la pression, puisque vous venez d'accepter de faire une concession ;
- vous pouvez reculer par rapport à votre offre de départ, mais à petits pas. Si vous vous retirez d'un seul coup, vous perdrez votre marge de négociation. Le but est d'obtenir le plus en lâchant le moins ;
- engagez votre interlocuteur vers la conclusion. Si vous ne l'invitez pas à terminer, vous lui donnez l'occasion de formuler d'autres demandes et vous prenez le risque qu'il revienne en arrière dans la négociation.

LA CONCLUSION

Savoir conclure un rendez-vous à l'issue de l'entretien est au moins aussi important que les étapes précédentes. En effet, le danger est de voir tout le travail que vous venez d'effectuer anéanti par une tentative de clôture maladroite. Il est donc primordial de savoir s'y prendre correctement.

Ne tombez pas dans le piège qui consiste à déballer à nouveau tout votre argumentaire de vente. Concentrez-vous au contraire sur l'obtention du rendez-vous. Pour cela, vous devez éveiller la curiosité de votre prospect pour qu'il ait envie d'aller plus loin. N'en dites donc pas trop, énoncez une formule choc qui reprend un avantage non négligeable de votre offre, et suggérez-lui d'en apprendre plus lors d'une rencontre. Par exemple, si tel est le cas, insistez sur le fait que votre entreprise est la seule sur le marché à offrir un prix aussi bas pour ce type de produit. En évoquant une opportunité à ne pas manquer, vous faites jouer la notion de rareté.

Enfin, proposez, de votre initiative, un lieu et une date précise de rendez-vous, suivi d'une autre possibilité plus large (afin d'éviter les objections) : « Je peux passer ce jeudi à 11 heures dans vos bureaux, cela vous conviendrait-il ? Ou préférez-vous le vendredi après-midi ? »

Gardez en tête que cette méthode ne vous permettra pas d'obtenir un rendez-vous à tous les coups. D'ailleurs, personne n'atteint 100 % de réussite. Néanmoins, elle vous permettra d'augmenter significativement vos résultats actuels. N'oubliez pas : la prospection téléphonique est un art qui demande pratique et rigueur.

TOP CONSEILS

- Définissez des objectifs particuliers pour chaque séance de téléprospection. Cela vous permettra de comparer les résultats obtenus d'une session à l'autre et d'en tirer les leçons afin de vous améliorer.
- Soyez convaincu de votre démarche et ayez confiance en vous. Si vous avez des appréhensions, cela se ressentira.
- Utilisez l'humour avec justesse. Vous dédramatiserez ainsi la conversation et mettrez à l'aise votre prospect. N'en abusez pas cependant : rien de pire qu'un vendeur lourd.
- Maîtrisez l'art de l'écoute. Votre prospection est réussie si votre client potentiel parle plus que vous. Vous retirerez de la conversation des informations précieuses.
- Connaissez votre offre sur le bout des doigts. Cela semble anodin, mais si vous ne savez pas ce que vous proposez, vous serez vite recalé par votre interlocuteur qui ne vous prendra pas au sérieux.
- N'hésitez pas à relancer vos prospects régu-

lièrement. Si vous êtes tombés au mauvais moment lors de votre premier appel, n'ayez pas peur de retenter le coup. Le *phoning* est aussi parfois une question de chance.

- Restez positif face aux objections et aux rejets. Vous surprendrez ainsi votre interlocuteur qui ne s'attendra pas à une telle réaction. Ne le contredisez pas, mais apportez des éléments nouveaux qui pourraient remettre en cause son avis de départ.
- Ne mentez pas sur votre offre et tenez vos promesses. Cela semble évident, mais s'emporter lors d'une négociation est vite arrivé. Tout ce que vous dites doit être juste et réalisable au risque que votre interlocuteur mécontent vous forge une bien mauvaise réputation.
- Prenez des notes ou enregistrez votre conversation afin de ne perdre aucune donnée délivrée par votre prospect. C'est la base ! Cela pourra vous servir lors d'un second appel.
- Si vous avez peur d'oublier des informations sur le produit ou le service que vous vendez, n'hésitez pas à garder une feuille les résumant à portée de main. Veillez toutefois à n'écrire que des mots clés pour éviter ainsi de donner l'impression de lire vos arguments.

FAQ

COMMENT PASSER LA BARRIÈRE DU SECRÉTARIAT ?

C'est une étape redoutée, mais vous devez faire en sorte de persuader le secrétariat de vous passer le décideur que vous souhaitez joindre. Pour y arriver, soyez ferme et employez un ton déterminé. Mentionnez également le nom et le prénom de la personne que vous souhaitez joindre.

Cela donnera : « Bonjour Madame/Monsieur, je suis Victor Martin, responsable commercial chez X, pouvez-vous me passez Madame/Monsieur X s'il vous plaît ? »

En employant un ton affirmé, vous laissez paraître que vous connaissez le décideur et que votre message est important. Vous faites ainsi croire que votre appel est attendu par cette personne et est donc légitime. En procédant de la sorte, vous aurez beaucoup plus de chance de passer ce premier obstacle. Si, malgré tout, la route reste barrée, demandez tout de même à :

- pouvoir rappeler à un autre moment (« Pouvez-vous me dire quand il sera disponible ? ») ;
- prendre directement un rendez-vous (« Avez-vous son agenda sous les yeux ? »).

Le meilleur moyen reste évidemment de trouver le numéro de téléphone direct de votre prospect, ce qui vous évitera cette étape parfois laborieuse et chronophage.

COMMENT SUIVRE ET GÉRER UNE CAMPAGNE DE TÉLÉPROSPECTION ?

Commencez par établir un fichier reprenant les informations de chaque appel (interlocuteurs et dates) ainsi que le résultat de la communication (besoins du prospect, objections, proposition effectuée, objet de la discussion, etc.). Vous pouvez l'organiser, par exemple, en tableau récapitulatif sous Excel. Cela vous permettra d'élaborer une base de données, d'analyser vos résultats et d'améliorer vos futurs appels grâce à la connaissance de vos prospects.

COMMENT RELANCER EFFICACEMENT UN CLIENT POTENTIEL ?

Vous pouvez relancer votre prospect et tenter votre chance une deuxième fois en invoquant plusieurs motifs :

- prendre connaissance de ses nouvelles motivations ;
- annoncer une nouveauté dans votre offre ;
- répondre à une question restée en suspens durant l'entretien précédent ;
- envoyer des informations supplémentaires susceptibles de le toucher.

L'idéal est de clore le premier appel par une ouverture afin de trouver une excuse légitime pour le recontacter.

COMMENT ME PRÉPARER AUX SITUATIONS INATTENDUES ?

Le mieux est d'élaborer une trame téléphonique, un scénario de conversation afin d'être paré aux diverses éventualités. Établissez votre pitch commercial, votre présentation, les potentielles questions et objections et vos réponses en fonction de chacune. Vous devez évidemment adapter votre script en fonction de votre prospect, le personnaliser ! Pour cela, une bonne préparation se révélera la meilleure des recettes.

COMMENT GARDER MON CALME SI LE PROSPECT S'ÉNERVE ?

Toute séance de prospection téléphonique vous apportera son lot de mécontents et d'impolis. Si votre interlocuteur a besoin d'exprimer sa contrariété, laissez-le faire et écoutez-le avec attention (vous cherchez toujours à récolter un maximum d'informations sur lui) tout en essayant de répondre calmement et respectueusement à ses critiques. Faites preuve d'empathie et de compréhension vis-à-vis de sa situation. S'il ressent votre bienveillance, il sera plus enclin à s'apaiser.

COMMENT ANTICIPER LES OBJECTIONS POSSIBLES ?

Il vous faut préparer les réponses en amont en fonction de votre client potentiel. Si vous avez bien étudié ce dernier, vous pourrez aisément repérer les points sensibles qui feront barrage et développer les arguments pour y remédier. Il ne s'agit pas de préparer les mêmes réponses pour chaque prospect : votre action doit être chirurgicale et personnalisée.

Vous ferez face à deux sortes d'objections :

- les génériques, comme « je n'ai pas le temps », « je ne suis pas intéressé ». Dans ce cas, c'est uniquement votre force de persuasion qui peut faire la différence ;
- les spécifiques, du type « j'ai déjà le même produit d'un concurrent », « c'est un peu cher », ou au contraire « êtes-vous sûr que cela ne coûte que... ? » Dans ce cas, votre prospect est un minimum intéressé, car il vous indique la raison du blocage ! La porte est donc ouverte, alors sachez vous y introduire en répondant avec un bon argument qui le fera hésiter puis changer d'avis.

COMMENT M'ASSURER DE L'ACCORD D'UN PROSPECT ?

Pour vérifier l'accord d'un potentiel acheteur :

- faites-lui part de votre volonté de travailler ensemble ;
- formulez une promesse (réalisable) pour votre prochain rendez-vous ;
- récapitulez les points sur lesquels vous êtes tombés d'accord et en fixez un prochain rendez-vous.

À VOUS DE JOUER !

Vous êtes désormais parés pour réussir vos prospections téléphoniques. Pour vous aider à vous lancer, suivez ce début de trame téléphonique pour entamer vos conversations de la meilleure manière qui soit.

1. Préparez votre fichier du prospect

2. Mettez-vous dans un endroit calme

3. Échauffez votre voix

4. Buvez de l'eau

5. Composez le numéro

6. Articulez, souriez, mettez de l'intonation

1. Bonjour, je suis Victor Martin commercial chez X, suis-je bien chez (nom de l'entreprise) ?

2. Pourriez-vous me passer (nom de votre prospect) SVP ? Il attend un appel de ma part.

Oui, je vous le passe.

→ À vous de jouer !

Il est occupé/absent

→ Avez-vous son agenda sous les yeux pour un RDV ?

→ À quel moment me conseillez-vous de rappeler pour être sûr de le joindre ?

C'est à quel sujet ?

→ C'est à propos d'une discussion que nous avons eue récemment.

→ Il souhaitait en savoir davantage sur nos offres.

Votre avis nous intéresse !
Laissez un commentaire sur le site de votre
librairie en ligne et partagez vos coups de cœur sur
les réseaux sociaux !

POUR ALLER PLUS LOIN

SOURCES BIBLIOGRAPHIQUES

- BATUN (François), « Le storytelling pour un argumentaire commercial percutant », in *D2b Consulting*, juin 2015, consulté le 3 décembre 2015. http://www.d2bconsulting.fr/storytel-ling-pour-un-argumentaire-commercial-impac-tant/

- CABRERA (Victor), « Comment faire une relance client intelligente ? », in *Technique De Vente*, février 2015, consulté le 7 décembre 2015. http://www.technique-de-vente.com/comment-vendre-meme-si-vous-netes-pas-parvenu-a-conclure-une-vente/

- CABRERA (Victor), « Comment réussir une prospection téléphonique ? », in *Technique De Vente*, mai 2015, consulté le 3 décembre 2015. http://www.technique-de-vente.com/comment-reussir-une-prospection-telephonique/

- CABRERA (Victor), « Téléprospecteur : 14 conseils pour réussir », in *Technique De Vente*, août 2015, consulté le 3 décembre 2015. http://www.technique-de-vente.com/teleprospecteur-14-conseils-pour-reussir/

- CIELLE (Arnaud), *Comment trouver et fidéliser vos clients*, Paris, Dunod, 2011.

- EL KADDIOUI (Karim), « Prospection téléphonique : vendre comme un pro », in *Business Tool Box*, août 2012, consulté le 9 décembre 2015. http://blog.businesstoolbox.fr/prospection-te-lephonique-apprenez-a-vendre-comme-un-pro/

- MOUZÉ (Bruno), « 10 astuces pour réussir sa prospection téléphonique », in *L'efficacité commerciale*, janvier 2014, consulté le 7 décembre 2015. http://lefficacitecommerciale.fr/10-as-tuces-pour-reussir-sa-prospection-telephonique/

- « Réflexes à acquérir et astuces à suivre », in *petite-entreprise.net*, août 2013, consulté le 10 décembre 2015. http://www.petite-entreprise.net/P-3762-85-G1-prospection-telephonique-reflexes-a-acquerir-et-astuces-a-suivre.html

SOURCES COMPLÉMENTAIRES

- AGUILAR (Michaël) et LAFAIX (Philippe), *Les accélérateurs de vente. 100 techniques incontournables pour vendre plus, plus vite, plus cher*, 2e édition, Paris, Dunod, 2011.

- BAUDIER (Michel), *Bien prospecter par téléphone pour obtenir des rendez-vous*, Paris, Maxima, 2011.

- HENRY (Isabelle), *Osez la prospection téléphonique,*

Castries, COM... TEL, 2015.

- MOULINIER (René), *Prospection commerciale. Stratégies et tactiques pour acquérir de nouveaux clients*, 3e édition, Paris, Éditions d'Organisation, 2009.

- VENDEUVRE (Frédéric) et BEAUPRÉ (Philippe), *Gagner de nouveaux clients. La prospection efficace*, 4e édition, Paris, Dunod, 2013.

www.50minutes.fr

ISBN ebook : 978-2-8062-6490-9
SBN papier : 978-2-8062-6491-6
Dépôt légal : D/2015/12603/230
Photo de couverture : © djile - Fotolia.com

Conception numérique : Primento, le partenaire numérique des éditeurs